W0363058

Paul Wilson

Het kleine boek van de
RUST

Vertaald door Sophie Brinkman

ARCHIPEL

Amsterdam · Antwerpen

Archipel is een imprint van
BV Uitgeverij De Arbeiderspers

Copyright © 1996 Pearls of Wilson
Copyright Nederlandse vertaling
© 1998 Sophie Brinkman / BV Uitgeverij
De Arbeiderspers, Amsterdam
Oorspronkelijke titel: *The little book of calm*
Uitgave: Penguin Books Ltd, Londen

ISBN 90 295 5588 2 / NUGI 711

Ik heb dit boekje bedoeld als een bron van rust voor jou, en wel een die je altijd bij de hand kunt hebben. Draag het boekje dus bij je om momenten van rust en kalmte te vinden, waar en wanneer je daar behoefte aan hebt. Volg de aanbevelingen en je zult kalm blijven. Zelfs op de moeilijkste momenten. En, wat ook zo handig is, laat, als je je zorgen maakt, gewoon het boekje ergens openvallen. Laat je leiden door je intuïtie – en je zult de voor jou beste manier vinden om weer te kalmeren.

Vertrouw op je intuïtie en je zult rust vinden.

Draag een stukje stilte met je mee

Ga met je aandacht naar de stilte. Als je haar gevonden hebt, concentreer je dan op hoe ze klinkt.

Probeer vervolgens de stilte met je mee te dragen, waar je ook gaat.

Verspil eens wat tijd

Hardwerkende mensen verspillen nooit hun tijd aan frivoliteiten, zomaar voor de lol. Terwijl *juist* voor hardwerkende mensen alle op die manier bestede tijd verre van verspild is.

Kies zorgvuldig je gezelschap

Het mag dan hard klinken: van de omgang met erg gestresste mensen raakt je zelf ook gestresst.

Anderzijds: van de omgang met rustige mensen – zelfs al is het maar voor korte tijd – zul je zelf ook rustig worden.

Ga helemaal op in je ademhaling

Blijf eens stilstaan bij het geluid van je ademhaling, – in en uit en in en uit –, en een gevoel van rust en kalmte zal niet lang uitblijven.

Las een pauze in tussen veranderingen

De verleiding is groot om alle veranderingen in ons leven samen te ballen tot één grote gebeurtenis, of liever gezegd één grote zelfkwelling.

Doe je incasseringsvermogen een plezier en breng veranderingen in je leven steeds met één tegelijk aan.

Investeer in een fruitschaal

Hoe mooier de fruitschaal, hoe beter
gevuld hij zal zijn, en hoe kleiner
de kans dat je troost zoekt in stress-
verhogende snacks.
Eet meer fruit, en je zult je
veel relaxter voelen – en het
is nog lekker ook.

Zet je muizenissen uit je hoofd

De eerste stap op weg naar rust is je niet druk te maken over allerlei muizenissen. De volgende stap is om te leren alle problemen te beschouwen als muizenissen.

Begin tien minuten eerder

Ga altijd tien minuten eerder van huis. Op die manier vermijd je niet alleen de stress die haast met zich meebrengt, maar heb je, als alles volgens plan verloopt, ook nog tien minuten voor jezelf voor de eerstvolgende afspraak.

Bewaar je zorgen voor morgen

De meeste zorgen betreffen de dag van morgen. Ze gaan over dingen die over het algemeen *nooit* zullen gebeuren.

Concentreer je op het nu en de toekomst zal zichzelf wel regelen.

Neem een slokje pepermunt

Vervang stimulerende dranken zoals koffie en thee door kruidenthee, zoals pepermuntthee, en je zult opvallend veel beter in staat blijken kalm te blijven.

Geef toe dat je kalm bent

Als je je onderbewustzijn wilt verleiden je te helpen om rustig te worden, herhaal dan steeds bij jezelf: 'Elke seconde voel ik me rustiger en rustiger.'

Draag goede schoenen

Elke voetreflexzone-therapeut zal je vertellen dat ware ontspanning bij de voeten begint. Het lijkt een open deur, maar het dragen van gemakkelijke schoenen is bijna even ontspannend als helemaal geen schoenen dragen.

Zoek het goede in alles

Maak er een gewoonte van altijd naar het goede in mensen en situaties te zoeken. Je zult ontdekken dat deze eenvoudige benadering positieve en optimistische gevoelens in je oproept – die op hun beurt weer rustgevend werken.

Borstelen of geborsteld worden

Neem de tijd om iemands haar te borstelen. Beter nog, borstel je eigen haar – of laat iemand anders dat doen. Borstel langzaam, regelmatig en met lange slagen. (Zo worden diverse rustgevende acupressuurpunten op je hoofd gemasseerd, en van de voortdurende herhaling gaat een wonderbaarlijk kalmerende werking uit.)

Doe alsof je een mens bent

Laat anderen maar hun best doen perfect en fantastisch te zijn. Wees tevreden met hoe je bent – en als gevolg daarvan zul je heel wat relaxter zijn.

Altijd Kerstmis

Er is waarschijnlijk een proces van eeuwen schaven en beitelen aan vooraf gegaan, maar kerst- en slaapliedjes hebben een wel heel bijzonder rustgevend vermogen.

Luister ernaar (stilletjes) het hele jaar door.

Eenvoud loont

Benader de dingen met je volledige aandacht en zonder vooroordeel. Je zult dan ongetwijfeld tot de ontdekking komen dat je er veel meer plezier aan beleeft, en dat je bovendien een besef krijgt van de complexiteit ervan. Een tros druiven bijvoorbeeld. Of een glas water. Of een weiland. Of een wolkenhemel.

Al deze dingen kunnen je rust geven.

Laat het verleden het verleden

Er is zelden een goede reden om spijt te hebben van dingen die in het verleden gebeurd zijn. Want het verleden bestaat alleen nog in je herinnering.

Als je inziet dat het verleden voorbij is, kun je het laten rusten.

Neem een voorbeeld aan kinderen

Neem een voorbeeld aan kinderen als het gaat om kalm-zijn: kijk hoe ze elk moment leven puur om het plezier ervan.

Doe alsof je nog kind bent, en je kunt ook zo zijn.

Denk kalm

Heb kalme gedachten.
Stel je kalme taferelen voor.
Roep kalme geluiden op in je
herinnering.

En raad eens hoe je je dan voelt...

Neem dertig seconden

Als je je gespannen voelt, trek je dan even terug – zelfs het toilet is goed in geval van nood – en neem dertig seconden de tijd om je gedachten op een rijtje te zetten en te bedenken hoe je weer rustig kunt worden.

Het zouden wel eens de nuttigste dertig seconden van je dag kunnen zijn.

Ruim je rommel op

Rommel maakt de spanningen van het alledaags bestaan alleen maar erger. Opruimen is een overzichtelijke manier om weer kalm te worden.

Stimuleer met beleid

Soms is het tijd voor stimulans, dan weer is het tijd voor rust. Als je dit inziet, begrijp je ook dat je jezelf nooit wijs moet maken dat een stimulerend middel je kan helpen ontspannen.

Verwen jezelf met oranjebloesem

Voeg drie druppels oranjebloesem (neroli) toe aan een kwart liter mineraalwater en doe dit in een verstuiver. Gebruik de verstuiver iedere keer als je behoefte hebt aan wat ontspanning.

Lees nooit de kleine lettertjes

Kleine lettertjes zijn bedoeld om frustratie op te roepen. Als je kalm wilt blijven, laat dan iemand anders je de kleine lettertjes voorlezen (en uitleggen).

Zoek een knuffel

Haal een huisdier in huis, geef hem of haar al je liefde, en je zult verzekerd zijn van een trouwe vriend bij je streven naar rust.

Vergeef ter plekke

Negatieve gevoelens ten aanzien van anderen koesteren is slechter voor jezelf dan voor die ander.

Vergeef snel en van ganser harte, voor je eigen bestwil.

Barricadeer de deur

Op een gegeven moment moet je jezelf af kunnen sluiten voor onderbrekingen om de aandacht op je eigen behoeften en verantwoordelijkheden te richten.

Doe dit minstens een uur per dag.

Verhef jezelf

Ga rechtop staan en maak jezelf langer dan anders: bevestig een denkbeeldige draad aan je kruin en trek jezelf daarmee omhoog tot een paar millimeter boven de grond.

Hoe hoger je je boven de grond verheven voelt, hoe dichter je een staat van rust nadert.

Raak aan of word aangeraakt

De menselijke aanraking is een van de beste manieren om stress te verlichten. Zoals een huilend kind troost kan vinden in de armen van de ouders, zoals een zoen of een handdruk een ruzie kan beslechten, zo kan de simpelste aanraking af en toe wonderen verrichten.

Zeg het met groen

Planten geven zuurstof af aan de omgeving en nemen kooldioxide en verontreiniging in zich op. Zet overal waar je werkt, slaapt en leeft planten en je zult meer lucht krijgen.

Hoe meer zuurstof je inademt, hoe rustiger je wordt.

Zoek naar de geneugten van de rust

Anders dan bij spieropbouw, werken ontspanningsoefeningen beter als ze niet gepaard gaan met pijn, of inspanning.

Eigenlijk is rustig zijn een van de grootste geneugten van het leven.

Ontspan met een afrodisiacum

Ginseng is al eeuwen bekend om zijn erotiserende werking maar heeft inmiddels ook de reputatie gekregen bij geregeld gebruik een kalmerende invloed uit te oefenen op het zenuwgestel.

Leg lager die lat

Een van de grootste stressfactoren in het leven is het voortdurend moeten voldoen aan de eisen die we onszelf stellen.

Doe jezelf een lol en maak – nu en dan – die eisen eens wat minder streng.

Leer twee tai chi-oefeningen

Het is vrijwel onmogelijk je gespannen te voelen als je bezig bent met tai chi.

Leer de basisoefeningen van tai chi en je hebt een geheim wapen achter de hand om kalm te worden.

Luister naar de stilte

Het wezen van rust is stilte. Stilte afdwingen is niet mogelijk, maar je kunt er wel open voor staan als ze zich aandient. En als je er echt naar op zoek gaat, dan zul je haar vinden op de meest onverwachte plaatsen.

Het enige wat je daarvoor nodig hebt is een beetje concentratie.

Gun je vingers rust

Laat de duim en vingers van de ene hand rusten tegen de duim en vingers van de andere. Heel lichtjes maar. Adem langzaam zestig seconden in en uit en voel hoe de rust bezit van je neemt.

Draag wit

De kleren die je draagt hebben invloed op hoe je je voelt. Ruimvallende kledingstukken, natuurlijke stoffen en lichte kleuren zorgen ervoor dat je je rustig voelt.

Daarom dragen yogi's wit.

Verkoop je horloge

Is het je wel eens opgevallen hoe je meteen veel relaxter wordt, zodra je je horloge afdoet? Doe dat van jou eens van tijd tot tijd af en bevrijd jezelf daarmee van die eeuwige tijdsdruk.

Kies voor negatieve ionen

Negatieve ionen hebben opmerkelijke eigenschappen. Ze verfrissen de lucht, verlichten je ademhaling, verbeteren je humeur en geven rust en energie.

Het enige wat je nodig hebt is een goedkope ionisator. Of een flinke onweersbui.

Wrijf over een roos

Massage is een van de verleidelijkste en aangenaamste manieren om rustig te worden. Door wat rozenessence toe te voegen aan je massageolie verdubbel je de kalmerende werking nog eens extra.

Kies voor een rechte rug

Vreemd genoeg is de stoel die je het meest zal helpen ontspannen niet de luie, zachte versie die het eerst in je opkomt. Een stoel die je rug steunt en je helpt rechtop zitten is naar alle waarschijnlijkheid de beste keuze.

Verklaar deze dag tot vakantiedag

Doe alsof elke dag een vakantiedag is. Onderneem elke dag iets dat die vakantiestemming stimuleert en zie hoe je zorgen verdwijnen.

Wees de rust zelve

Doe alsof je kalm bent: neem de gedragingen over van een rustig iemand. Doe alsof anderen je zien als een rustig persoon en: in een mum van tijd zul je dat ook daadwerkelijk zijn.

Ren voor je leven

Hardlopen is een van de beste remedies tegen stress. Het is gemakkelijk, vereist geen specifieke training en heeft al effect na de eerste tweehonderd meter.

Sta stil bij schoonheid

Niet vanwege de stimulerende maar vanwege de verheffende werking ervan. Omdat je rust zult ervaren bij het zien van iets moois – hetzij in de natuur, hetzij door mensenhanden gemaakt.

Slaap als een roos

Alles wat een goede nachtrust in de weg staat – koffie, cola, alcohol – is ook een sta-in-de-weg voor je vermogen om kalm te worden.

Doe al wat nodig is om zoveel slaap te krijgen als je nodig hebt.

Loop voor je plezier

Terwijl sommige vormen van lichaamsbeweging aan pure marteling doen denken is wandelen gemakkelijk en plezierig. Wandel elke dag – niet omdat het moet, maar omdat het met de juiste instelling de meest relaxte manier is om van A naar B te komen.

Steel een paar minuutjes

Als je voelt dat je het nodig hebt doe dan korte tukjes, de hele dag door. Je zult er versteld van staan hoeveel rust een paar minuutjes ongestoorde slaap je kunnen geven – zelfs als je achter de tekstverwerker zitzzzzzzzzzzzzz

zzzzzzzzzzzzzzzzzzzzzzzzz

zzzzzzzzzzzzzzzzzz

zzzzzzzzzz

zzz

Rauw op de maag

Begin elke maaltijd met iets rauws – fruit of groenten. Deze 'alkalische voedingsmiddelen' versterken een gevoel van rust, en geven de maaltijd bovendien meer harmonie.

Verwen je voeten

Neem een voetenbad en masseer je voeten daarna met een vochtinbrengende lotion of rustgevende etherische olie.

En voor je het weet zul je je heerlijk ontspannen voelen.

Ga achterin zitten

Hoezeer je ook mag denken dat je autorijden leuk vindt, het is en blijft een gestresste aangelegenheid. Ga achterin zitten (bij een chauffeur die je vertrouwt!) en geniet de hele reis van de rust die dat met zich brengt.

Doe wat je kunt

Maak rigoureus onderscheid tussen wat haalbaar is en wat een verspilling van je tijd. Spendeer vervolgens je energie alleen aan die taken die je aankunt (speel de andere door naar iemand anders).

Hou het simpel

Hoe minder je doet in het leven,
hoe minder bezittingen, verplichtingen
en verantwoordelijkheden je hebt,
hoe minder je door de begeleidende
stressgevoelens geplaagd zult
worden.

Neem je toevlucht tot beleefdheid

Wees beleefd, niet alleen in het belang van anderen maar ook om er zelf beter van te worden. Of de ontvangende partij je beleefdheid zal beantwoorden (en dat is meestal het geval) of niet is niet belangrijk – je zult je goed voelen over jezelf vanwege je vriendelijkheid.

ZIE HET VERSCHIL TUSSEN HEBBEN EN LEVEN

Denk warm

Een koud lichaam is zelden kalm.
Van stevig in de handen wrijven
word je weer warm.

Als je het warm hebt, word je
vanzelf ook weer kalm.

HOU VAN VIS

Waarom zijn vissen zo ontspannend om naar te kijken? Omdat ze langzaam bewegen en, belangrijker misschien nog, omdat ze langzaam ademen.

Kijken naar vissen kun je vergelijken met dromerig uitkijken over zee.

Maak een voorstelling van jezelf

Maak een voorstelling van jezelf op een idyllisch eiland in de Stille Zuidzee. Zie jezelf op het zongebleekte zand. Let op wat je aanhebt, de ontspannen manier waarop je daar staat, de manier waarop de zeebries door je haren speelt, de vredige glimlach op je gezicht.

Maak je er nu een voorstelling van hoe het voelt om daar te zijn.

Maak een omweg

Er gaat niets boven verandering om de vaste stresspatronen te doorbreken die zich in de loop van de dag opbouwen. Doe zo nu en dan eens iets dat je normaal gesproken niet zou doen – neem bijvoorbeeld eens een andere weg van kantoor naar huis.

Gebruik de tijd om van de verandering te genieten.

Maak je op tijd zorgen

Reserveer elke dag wat tijd – en wel elke dag om dezelfde tijd – om na te denken over je zorgen.
Als de tijd om is, zet dan je zorgen weer opzij.

Masseer je slapen

Enkele van de meest kalmerende acupressuurpunten bevinden zich op de slapen. Oefen een lichte druk uit als je uitademt, verminder de druk als je inademt.

Wees positief over positief-zijn

Doe je best om positief te denken, let er vooral op dat je ook positief praat en de positieve gevoelens die er het gevolg van zijn zullen zorgdragen voor de rest.

DOE ALS EEN SCHILDPAD

Het tempo van je bewegingen houdt
direct verband met hoe je je voelt.
Vertraag je bewegingen, ontspan bewust
je gebaren en gezichtsuitdrukking,
en voor je het weet bén je ook
ontspannen.

Ga op ontdekkingsreis

Het is vrijwel onmogelijk je gespannen te voelen als je iets aan het leren bent dat je interesseert.

En, leren kun je overal, hoe onwaarschijnlijk dat ook lijkt.

Speel met kralen

Verbruik de nerveuze energie die zich ophoopt in vingers en handen door de kralen van een gebedssnoertje door je vingers te laten glijden.

BEDRIJF DE LIEFDE

De ontspanning die volgt op het bedrijven van de liefde werkt door op vele niveaus.

Laat de telefoon maar eens rinkelen

Je hoeft maar een of twee keer in je leven de telefoon te laten rinkelen om erachter te komen dat iemand die echt iets belangrijks te melden heeft altijd terugbelt.

En dat scheelt weer wat druk in je leven.

Laat los

Span een serie spieren – bijvoorbeeld van de armen of de benen – flink aan, en ontspan ze dan snel weer. Het contrast tussen 'gespannen' en 'ontspannen' leert je hoe 'ontspannen' echt voelt.

Hou dat gevoel vast.

Verwonder je bij alles wat je doet

Er bestaat weinig twijfel over: zij die het meest van het leven genieten zijn diegenen die in staat zijn zich te verwonderen bij alles wat ze doen, al is het nog zo onbelangrijk. Ontwikkel deze vaardigheid en gevoelens van rust en voldoening zullen je ten deel vallen.

Zie een verslaving onder ogen

Toegeven aan je hunkering naar hetzij nicotine, hetzij chocolade, hetzij cafeïne, hetzij alcohol helpt je niet rustig te worden. Zie verslavingen als ze zich voordoen onder ogen en zoek naar een alternatief.

Dan kun je gerust zijn.

Drink warm water

Een glas koud water werkt kalmerender
dan de meeste andere dranken.

Een glas warm water werkt nog beter.

Bekijk het eens op afstand

Uw ogen zijn het meest ontspannen als ze naar iets in de verte kijken – en dan vooral in de natuur.

Als je ogen ontspannen zijn, ontspant je hele lichaam zich.

Pak een natte handdoek

Zoals elke schoonheidsspecialiste of kapper je kan vertellen is niets zo goed voor gespannen aangezichtsspieren als een vochtige, hete handdoek.

Toe, lach dan

Een glimlach ontspant alle belangrijke aangezichtsspieren. En zet bovendien een emotionele kettingreactie in gang die je zonder mankeren een goed gevoel zal geven.

Neem een deadline tegelijk op je

Deadlines staan aan de bron van veel stress. Neem steeds maar één deadline tegelijk op je en je zult baas over je eigen tijd worden.

Drijf

Ga liggen drijven in een zwembad, een floattank of zelfs een badkuip, en je zult voelen hoe je spanningen oplossen in deze gewichtloze staat.

Maak van grootmoedigheid je tweede natuur

Doe jezelf een plezier door genereus te zijn: bied iemand je hulp aan, wees zomaar eens aardig, maak een complimentje.

Degene die zich daar het beste bij zal voelen... ben jijzelf.

Ga van a naar b

Terwijl voedingsmiddelen die vitamine A bevatten je vermogen om rustig te zijn verhogen, zijn het de voedingsmiddelen die veel vitamine B bevatten die bekend staan om hun dynamische effect. Neem bonen, linzen, erwten, noten, zaden, tarwekiemen, volkoren en zuivelproducten in je dagelijks eetpatroon op.

Weet wanneer je moet ophouden

Er komt een moment in elk gevecht dat vastberadenheid een doel op zichzelf wordt.

Weten wanneer je moet ophouden en verder moet gaan met iets anders is een vaardigheid die veel rustige mensen bezitten.

Haal je vriendschapsbanden stevig aan

Als je de neiging hebt je werk en verantwoordelijkheden al te serieus te nemen, herinner jezelf er dan aan dat de meeste mensen er op hun sterfbed eerder spijt van hebben niet meer tijd in hun relaties gestoken te hebben dan dat ze hun werk niet af hebben kunnen krijgen.

Doe het licht uit

Als na een dag vol stress niets anders meer wil helpen, trek je dan terug in een rustige donkere kamer, en luister naar je ademhaling terwijl je je langzaam ontspant.

Bepaal het tempo

Net zoals de groepsdynamiek invloed heeft op het individu, zo kan ook een vastberaden individu invloed uitoefenen op een groep. Door langzaam te bewegen en rustig te spreken, kun je je eigen innerlijke rust overbrengen op een hele groep.

Zeg eens wat vaker nee

Er zijn grenzen aan wat je aankunt voor je prestatievermogen en gemoedstoestand eronder gaan lijden.

Neem alleen op je wat je aankunt, en wijs vriendelijk doch beslist elk ander beroep dat op je gedaan wordt af.

Schrijf je zorgen op

Het is fantastisch om te merken hoe snel veel zorgen verdwijnen als je ze eenmaal aan het papier hebt toevertrouwd – bekijk later nog eens of het waarschijnlijk is dat ze ooit werkelijkheid zullen worden.

Negen van de tien keer zal blijken dat dat verre van waarschijnlijk is.

Ga met de voeten omhoog

Met je voeten omhoog gaan zitten zorgt voor meer dan alleen een betere bloedcirculatie.

Het leidt heel snel tot een gevoel van ontspanning.

Leg mooie momenten vast

Schrijf ze op, bewaar er een foto van, sla ze op in je computer. Vervolgens doe je er goed aan deze momenten regelmatig op te roepen, erbij stil te staan, er plezier aan te beleven, om ze zo deel te laten uitmaken van je dagelijks leven en je kijk daarop.

Ga de tuin in

Tuiniers behoren tot de rustigste en meest ontspannen mensen (als ze aan het tuinieren zijn) die er bestaan.

Deel zelf je tijd in

Als je zelf je tijd indeelt en ervoor waakt dat anderen je tempo al te zeer bepalen, dan heb je meer tijd om je te ontspannen.

Streel de rug van je handen

In de zonetherapie wordt de rug van de handen beschouwd als een van de beste wegen naar rust. Strijk zo licht mogelijk met de vingertoppen omhoog en je zult je vanzelf gaan ontspannen.

Snoei weg die stress

Typische uitdrukkingen als 'ik moet', 'ik zou moeten' of 'ik heb geen tijd' versterken gevoelens van stress. Let op dergelijke woorden en uitdrukkingen in je gedachten en taalgebruik en vervang ze door relaxtere als – 'ik zou kunnen', 'ik wil', of 'ik maak er tijd voor'.

Boek succesjes

Er gaat niets boven een zekere hoeveelheid succes om je te helpen ontspannen. Zelfs al gaat het om de meest triviale dingen, geef jezelf de ruimte om af en toe succes te hebben.

Kijk uit voor gespannen mensen

Leer tekenen van stress en onrust in anderen herkennen. Op die manier word je je bewust van je eigen fysiologie en kun je aan je innerlijke rust gaan werken.

Leer routine op waarde schatten

Alles wat je op de automatische piloot doet heeft in principe het vermogen in zich om je je goed te laten voelen. Beschouw wat je onderhanden hebt als een meditatieoefening, concentreer je helemaal op wat je aan het doen bent en een voldaan gevoel zal over je komen.

Adem minder

Een volkomen ontspannen persoon haalt maar vijf tot acht keer per minuut adem. Als je je ademhaling bewust vertraagt tot dat tempo, zul je snel rustig worden.

Doe wat lavendel op

Een vleugje lavendel helpt niet alleen bij pijntjes en ander ongemak, maar helpt je bovendien wonderbaarlijk goed ontspannen.

Drink weer melk

Je moeder had gelijk! Melk helpt je te ontspannen en rustig te worden. (Het is rijk aan calcium, dat een spierontspanner is, en bovendien aan een aminozuur dat tryptofaan genoemd wordt, een krachtig, natuurlijk kalmeringsmiddel.)

Doe alsof je gelooft

Ook al weet je dat het niet zo is, door te doen alsof je volkomen kalm en ontspannen bent, maak je je onderbewustzijn wijs dat je dat ook inderdaad bent.

Draag Donald Duck-sokken

Schaf je wat kinderlijke
accessoires aan om je te helpen
herinneren aan de onbezorgde,
blije kanten van het leven.

Maak je werk belangrijk

Het verschil tussen een verschrikkelijk saaie baan en nuttig, interessant werk heeft vaak alles te maken met de manier waarop je ertegen aan kijkt.

Maak je werk belangrijk en de voldoening die je eraan ontleent zal je helpen je te ontspannen.

Maak ruzie op afspraak

Ook al is het nu eenmaal onmogelijk conflicten en ruzies volledig uit je leven te bannen, het is wel degelijk mogelijk er niet al te zwaar aan te tillen mochten ze zich voordoen. Stel de ruzie gewoon even uit.

Spreek af om de kwestie later tot in detail samen door te spreken... en je zult er versteld van staan hoe vredig dat gesprek zal verlopen.

Was je haren zonder shampoo

Je activeert de kalmerende acupressuurpunten boven op je hoofd op een zo aangenaam mogelijke manier door massage van de hoofdhuid: doe alsof je je haar wast maar dan zonder shampoo.

Staar naar iets blauws

Of roze, of iets groens. Elk van deze kleuren – de een warm, de andere twee koel – heeft het magische vermogen rust te brengen in een bezwaard gemoed.

Rust uit in bad

Een heerlijk loom, warm bad is zonder meer een weldaad voor gespannen zenuwen. Dim het licht, voeg wat etherische olie toe aan het badwater en geef je over aan het weldadige gevoel dat bezit van je neemt.

Hou van het nu

Als je je aandacht gericht houdt op elk detail in het nu, als je elke smaak ook echt proeft, elk geluid hoort, elke kleur waarneemt, dan zul je kalm zijn voor je er erg in hebt.

Richt een rustig plekje in

Als je jezelf aanleert rustig te zijn op een bepaalde plaats, een bankje in het park of een favoriete stoel, dan zal je onderbewustzijn gevoelens van rust gaan associeren met die speciale plek.

Ga daar dan gewoon naartoe als je weer rustig wil worden.

Tijd om te stoppen

De meeste bezigheden in het leven kennen geen prijzen voor volharding. Als je voelt dat je stresspeil begint te stijgen, stop dan met waar je mee bezig bent – neem even een pauze of ga iets anders doen.

Verspreid schoonheid om je heen

Waar je ook naar toe gaat in het leven, wat je ook onderneemt, doe bewust moeite er iets van schoonheid aan toe te voegen, hetzij bij te dragen aan de schoonheid die er al was.

Maak eens een complimentje

En je zult ontdekken dat het goede gevoel dat er het gevolg van is zowel jou als de ontvanger ten deel valt.

Neem de tijd

In tegenstelling tot wat je jezelf wijsmaakt, heb je alle tijd van de wereld om te doen wat je wilt doen.

Past het niet in je dag, dan ben je ook niet in staat het te doen – zet het dan dus ook uit je hoofd.

DELEGEER ZONDER MEDEDOGEN

Hoe meer je delegeert, des te gemakkelijker je je eronder gaat voelen en des te vaardiger je erin wordt.

Want, hoe meer je delegeert, des te minder de druk waaronder je leeft.

Koester je gevoel voor humor

Wees lief voor je gevoel voor humor. Speel ermee. Geef het meer de ruimte dan je misschien denkt dat gepast is... en het zal je helpen rustig te worden.

Masseer je wenkbrauwen

Dit is wat je instinctief doet als je gespannen bent – je kunt het ook bewust doen. Bewerk de kalmerende acupressuurpunten rond het voorhoofd door je wenkbrauwen naar buiten toe te masseren.

Heb veranderingen lief

Als je kunt accepteren dat uit een verandering over het algemeen evenveel goeds als kwaads voortkomt, zul je niet ten prooi vallen aan het getob waar zoveel mensen last van hebben.

Ontspan je en stel je ervoor open als een verandering zich aandient...

Kies een kussen van kamille

Sprenkel om de paar avonden drie druppels kamille- of patchouli-olie op je kussen voor een heerlijke nachtrust.

Pink eens een traantje weg

Huilen heeft iets kalmerends, zowel emotioneel als fysiek.

Stel je voor: een zonsondergang

Ook al stemmen zonsondergangen
af en toe droevig, ze zijn altijd vredig.

En de roze zijn het allervredigst.

Doorbreek het patroon

Wanneer je merkt dat je gespannen bent, ga dan eens iets heel anders doen. Ga staan waar je anders niet zou gaan staan, ga zitten waar je anders niet zou gaan zitten, denk dingen die je anders niet zou denken.

BID

Heb je een spirituele dan wel religieuze levensovertuiging, dan heb je naar alle waarschijnlijkheid toegang tot een van de meest beproefde methoden ter wereld om rust te vinden: het gebed.

DOE ALSOF HET ZATERDAG IS

Zet aan of zet uit

Elektrisch licht, televisie, computers, tl-buizen... ze vergroten allemaal de spanning.

Ironisch genoeg kun je deze compenseren met een ander elektrisch apparaat: de ionisator.

Sta voor zonsopgang op

Het is geen toeval dat mensen die veel en serieus mediteren: yogi's, asceten, gevechtskunstenaars en veel religieuze ordes, de momenten voor de zon opkomt beschouwen als de kostbaarste van de dag.

Zoek de zee op

Zeelucht, zout water en het geluid van de golven dragen alle bij aan een groeiend gevoel van rust.

Lucht je gemoed

Door het onder woorden brengen van je problemen ben je vaak al halverwege de oplossing. Deel je gevoelens en zorgen met een ander en je zult je heel wat rustiger voelen.

Word vriendjes met een masseur

Of een schoonheidsspecialiste.

Ken je keuzemogelijkheden

Of je ze nu kent of niet, keuzes heb je vrijwel altijd. Het is de kunst ze ook als dusdanig te herkennen.

Want als je je keuzemogelijkheden kent, zul je je vrij voelen.

Denk na voor je iets koopt

Denk, teneinde de stress van schulden te vermijden, eerst na over wat je je kunt permitteren voordat je gaat nadenken over wat je wilt kopen.

Zweet

Fysieke inspanning gaat de negatieve effecten van stress te lijf en laat je je goed voelen over jezelf.

Train net zolang tot zich een dun laagje zweet op je voorhoofd begint te vormen en ga dan nog twintig minuten door.

Bezint eer gij begint

Als je onder druk staat komen de woorden gehaast en versnelt je spreektempo zich. Door dit patroon te doorbreken – denk zorgvuldig na over wat en hoe je het wilt zeggen, verlaag je spreektempo, vertraag de ademhaling – kun je je onderbewustzijn doen geloven dat je volledig ontspannen bent.

Breng rust in je voedingspatroon

Als je je rustiger wilt voelen eet dan meer fruit en rauwe groenten, yoghurt, melk, eieren, volkorenproducten, bonen, peulvruchten, noten en zaden.

Pas op je hoofd

De meeste stress en onrust zijn eerder het gevolg van wat zich in je hoofd afspeelt dan van processen in je lichaam.

Troost je met de gedachte dat de meeste dingen waar je je zo'n zorgen over maakt in werkelijkheid nooit zullen plaatsvinden.

Ga naar buiten

Het is veel ontspannender om over een landweggetje te lopen dan door een straat binnen de bebouwde kom. Het is ontspannender naar vredige heuvels te kijken dan naar het voorbijrazende verkeer.

Het is als zeilen op open zee of zeilen in een drukke haven. Het eerste is heel wat relaxter.

Ruik de aroma's

Sommige geuren stimuleren de aanmaak van het kalmerende serotonine in de hersenen.

De geuren die het meest effectief zijn in dit opzicht zijn lavendel en kamille.

Ga door het leven in een driekwarts maat

De wals is niet alleen een van de luchtigste en vrolijkste muzieksoorten ter wereld, het kan ook een van de meest kalmerende zijn.

Denk in een driekwarts maat als je loopt, en voel hoe pure vrolijkheid bezit neemt van je pas.

Ga naar een kerk

Ongeacht of je gelovig bent of niet, of waar je precies in gelooft, kerken en tempels zijn vredige plekken bij uitstek.

Ga op een bank zitten en laaf je geest en lichaam aan de sfeer van absolute vredigheid en rust die hier hangt.

Druk je tong tegen je gehemelte

Gespannen mensen hebben gespannen kaakspieren. Druk, om deze spanning wat te verlichten, met je tong tegen het stukje gehemelte vlak achter je voortanden.

Verander in een windmolen

Stel je een windmolen in bedrijf voor.
Imiteer de bewegingen met je armen,
beschrijf in slow motion een grote boog
en zwaai jezelf kalm.

Frons eens overdreven

Trek je voorhoofd en wenkbrauwen samen tot een lelijke, diepe frons. Trek dan je wenkbrauwen weer omhoog en voel de spanning verdwijnen.

Onthou het gevoel van ontspanning dat erop volgt.

Dans tot je erbij neervalt

Tijdens een van de leukste vormen van lichaamsbeweging die er bestaan, dansen, vergeet zelfs de meest doorgewinterde tobber zijn zorgen.

Bedek je gezicht

Plaats je beide handpalmen ieder tegen een helft van je gezicht – van je lippen langs je neus tot je ogen – en oefen een lichte druk uit tot je je ontspannen voelt.

Zet je zorgen aan de kant

Bedenk een manier om je zorgen elke avond ergens op te slaan voor de nacht. Fluister ze in een envelop of schrijf ze in een dagboek, bewaar ze daar zolang en vergeet ze vervolgens.

Tien tegen een dat ze de volgende morgen heel wat minder erg lijken, als ze al niet volkomen verdwenen zijn.

Eet 80:20

Het ideale rustgevende dieet houdt een verhouding van 80:20 aan waar het alkalische voedingsmiddelen (volkorenproducten, granen, groenten enz.) en ‘zure’ voedingsmiddelen (koffie, vlees, suiker, bewerkt voedsel, conserveringsmiddelen) betreft.

Bach biedt hulp

De bekendste Bach-remedie, de Rescue Remedy*, heeft een uitermate kalmerend effect in moeilijke omstandigheden, van zware trauma's tot kleine zorgen.

*Verkrijgbaar bij de natuurwinkel.

Alles voor een lach

Wees gespitst op dingen die je aan het lachen maken – en als je niks tegenkomt waar je om moet lachen, doe dan alsof...

en lach.

SCHRIJF HET OP

Schrijf je zorgen op en zie tot je verbazing hoe snel ze verdwijnen als je ze eenmaal zwart op wit ziet staan.

Maak een afspraak

Maak een afspraak met jezelf om op zeker tijdstip in de nabije toekomst iets aan je problemen te doen.

Hoe serieuzer je die afspraak neemt, hoe efficiënter je het probleem te lijf zult gaan.

Buit je onderbewustzijn uit

Je onderbewustzijn is gespecialiseerd in het vinden van oplossingen voor je allerpersoonlijkste problemen.

Heb vertrouwen in je onderbewustzijn en gun je bewustzijn eens wat rust.

Mediteer

Richt je aandacht op een beweging, een geluid, een beeld, een gedachte – zonder er moeite voor te doen en zonder bang te zijn dat je aandacht afdwaalt.

Voordat je het weet bent je aan het mediteren.

Weg met de radertjes, zeker tweemaal daags

Wees tweemaal daags een paar minuten eens geen radertje in de machine – ga een blokje om, doe een dutje onder je bureau, breng de post naar het postkantoor, doorbreek je routine – het maakt je dag heel wat afwisselender en levendiger.

Geef jezelf toestemming

Zoek regelmatig een rustig plekje op en zeg hardop: 'Ik geef mijzelf toestemming om elk uur vijf minuten te ontspannen en weer rustig te worden.'

Blijf dit voor jezelf herhalen.

Maak je alleen druk om grote dingen

Als je over de kleine problemen des levens heen kunt stappen en je concentreert op de belangrijke kwesties, dan zul je steeds dichter een staat van innerlijke rust benaderen.

Stap een halte eerder uit

Als je er bewust aan werkt je vaste dagelijkse patronen te doorbreken, dan kun je eveneens je gewoonte om te piekeren doorbreken. Neem eens een andere weg naar huis, stap een halte eerder uit de bus, praat eens met een vreemde en voel de verschillen.

Verander

Er zijn maar twee manieren om met moeilijke situaties om te gaan. Je kunt proberen de situaties te veranderen, of je kunt de manier veranderen waarop je ertegen aan kijkt.

De manier veranderen waarop je naar dingen kijkt kan zeer verhelderend zijn.

Spreek op zachte toon

Bent je ooit een rustig persoon tegengekomen die met luide stem praatte?

Wees aardig

Hoe ouderwets het ook mag lijken,
aardige mensen hebben minder moeite
met kalm worden.

Over de auteur

Paul Wilson leeft in verschillende uitermate stressvolle werelden: hij is directeur van een reclamebureau, adviseur bij een van de grootste bedrijven van Australië, directeur van een ziekenhuis en vader van een tiener en twee jonge kinderen.

In plaats van zijn aandacht te richten op stress, is hij juist een autoriteit op het gebied van de rust geworden. Hij is de auteur van twee bestsellers over dit onderwerp: Het grote boek van de RUST *en* The Calm Technique. *Je kunt hem e-mailen op:* paulwil@calmcentre.com.au